小跳豆 Jumping Bean 幼兒好習慣情境故事系列

清潔衞生

新雅文化事業有限公司
www.sunya.com.hk

小跳豆
幼兒好習慣情境故事系列

跟着跳跳豆和糖糖豆一起養成好習慣！

　　從小培養幼兒的好習慣是很重要的事，家長只要在他們成長的關鍵時期，給予合理的引導和訓練，孩子就會養成良好的習慣。另一方面，這時期的孩子對一些行為背後的道理也不能完全明白。因此家長更要抓住時機，循循善誘，避免孩子養成不良習慣。

　　《小跳豆幼兒好習慣情境故事系列》共6冊，針對3-7歲孩子在日常生活中面對的問題和需要學習的處境，分為六個不同的範疇，包括生活自理、清潔衛生、與人相處、社交禮儀、公德心和公眾場所。透過跳跳豆、糖糖豆以及好友們的經歷，帶領孩子面對各種在成長中會遇到的問題，並引入選擇題的方式，鼓勵孩子思考解決問題的方法。

　　書末設有「親子說一說」和「教養小貼士」的欄目，給家長一些小提示和教育孩子的方向，幫助家長在跟孩子進行親子閱讀時，一起討論他們所選擇的結果，讓孩子明白箇中道理。「我的好習慣」的欄目，讓孩子檢視自己有什麼好習慣，鼓勵孩子自省並保持良好的習慣，長大成為擁有良好態度和修養的好孩子。

以互動方式提升孩子的思考力，養成好習慣！

　　本系列屬「新雅點讀樂園」產品之一，若配備新雅點讀筆，爸媽和孩子可以使用全書的點讀功能，孩子可以先點選情境故事的內容，聆聽和理解所發生的事情，然後思考該怎樣做，選出合適的答案。透過互動遊戲的方式，讓孩子邊聽邊學邊玩，同時提升解決問題的能力，培養良好的個人素質。

　　「新雅點讀樂園」產品包括語文學習類、親子故事和知識類等圖書，種類豐富，旨在透過聲音和互動功能帶動孩子學習，提升他們的學習動機與趣味！

想了解更多新雅的點讀產品，請瀏覽新雅網頁(www.sunya.com.hk)或掃描右邊的QR code進入 新雅・點讀樂園 。

如何使用新雅點讀筆閱讀故事？

1. 下載本故事系列的點讀筆檔案

1 瀏覽新雅網頁(www.sunya.com.hk) 或掃描右邊的QR code 進入 新雅•點讀樂園 。

2 點選 下載點讀筆檔案 ▶ 。

3 依照下載區的步驟說明，點選及下載《小跳豆幼兒好習慣情境故事系列》 的點讀筆檔案至電腦，並複製至新雅點讀筆的「BOOKS」資料夾內。

2. 啟動點讀功能

開啟點讀筆後，請點選封面右上角的 新雅•點讀樂園 圖示，然後便可翻開書本， 點選書本上的故事文字或圖畫，點讀筆便會播放相應的內容。

3. 選擇語言

如想切換播放語言，請點選內頁右上角的 粵/書 粵/口 普 圖示，當再次點選內 頁時，點讀筆便會使用所選的語言播放點選的內容。

如何運用點讀筆進行互動學習

點選圖中的角色，可聆聽對白

點選語言圖示，可切換至粵語、口語或普通話

刷牙

晚上，豆媽媽送給跳跳豆和糖糖豆新買回來的牙刷和牙膏，希望他們養成刷牙的好習慣。跳跳豆和糖糖豆的刷牙習慣各有不同，誰的習慣才是正確的呢？

15

1 先點選情境文字的頁面，聆聽和理解所發生的事情

小朋友，請你閱讀以下選項，然後在右頁選出正確答案：　　我的選擇是： Ⓐ Ⓑ

翻至下一頁，你可先點選頁面，聆聽選擇A和選擇B的內容

選擇 A

糖糖豆每天早上起牀和晚上睡覺前都會各刷一次牙，因為她認為這樣牙齒才會健康。

16

選擇 B

跳跳豆只在每天晚上睡覺前刷一次牙，他認為早上起牀還沒吃東西所以不用刷牙。

17

3 最後作出你的選擇！點選 Ⓐ 或 Ⓑ，然後聽一聽你是否選對了

每冊書末同時設有「親子説一説」欄目，給家長一些小提示，
讓家長在跟孩子進行親子閱讀時，也能一起討論他們所選擇的結果啊！

吃水果

　　每天放學後，豆媽媽都會帶跳跳豆和糖糖豆到遊樂場玩耍，十分開心!

　　今天跳跳豆和糖糖豆從遊樂場回家後，看到一籃蘋果，蘋果又紅又大，跳跳豆和糖糖豆很想吃。接下來，跳跳豆和糖糖豆該怎樣做才是正確的呢？

選擇 A

　　跳跳豆和糖糖豆隨意用紙巾擦一擦蘋果，便把蘋果送進口裏去。

選擇 B

　　跳跳豆和糖糖豆請媽媽幫忙洗淨蘋果，才吃蘋果。

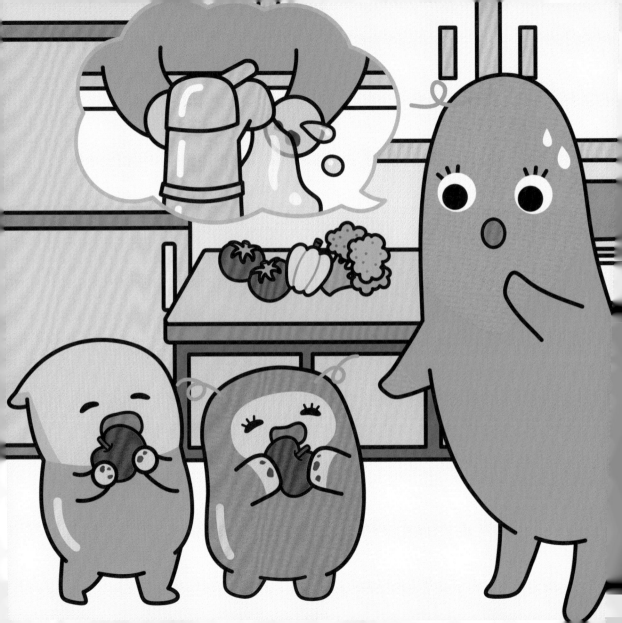

洗手

　　正當跳跳豆和糖糖豆高興地拿起蘋果，想一口咬下去的時候，豆媽媽提醒說：「跳跳豆、糖糖豆，你們還沒洗手呀！吃東西前一定要先把雙手洗乾淨啊！」接下來，跳跳豆和糖糖豆該怎樣做才是正確的呢？

選擇 A

跳跳豆和糖糖豆打開水龍頭，用洗手液徹底清潔雙手。

選擇 B

　　跳跳豆和糖糖豆想快點吃蘋果，他們打開水龍頭，把手隨便洗一洗就去拿蘋果吃。

刷牙

　　晚上，豆媽媽送給跳跳豆和糖糖豆新買回來的牙刷和牙膏，希望他們養成刷牙的好習慣。跳跳豆和糖糖豆的刷牙習慣各有不同，誰的習慣才是正確的呢？

選擇 A

　　糖糖豆每天早上起牀和晚上睡覺前都會各刷一次牙，因為她認為這樣牙齒才會健康。

選擇 B

跳跳豆只在每天晚上睡覺前刷一次牙，
他認為早上起牀還沒吃東西所以不用刷牙。

睡前想吃東西

　　刷牙後，跳跳豆連打了兩個哈欠，準備上牀睡覺了。忽然，他想起今天外祖母送來了一盒美味的糖果。他很想吃，但又不想離開被窩。接下來，跳跳豆該怎樣做才是正確的呢？

選擇 A

　　跳跳豆雖然很想吃糖果，但想了想：「睡前不該吃東西，而且也不要在睡房或牀上吃東西。」最後他決定睡覺去了。

選擇 B

　　跳跳豆心想：「只是吃糖果而已，吃了才睡吧！」更把整盒糖果拿到睡房裏，坐在牀上吃糖果。

流鼻水

　　糖糖豆準備睡覺時，突然感到鼻子痕癢，還打了一個大噴嚏。鼻水流了出來，她想抹鼻子。接下來，糖糖豆該怎樣做才是正確的呢？

選擇 A

　　糖糖豆在睡房裏找不到紙巾，於是隨手拿起被子，往鼻子一抹……

選擇 B

　　糖糖豆拿來了一張紙巾，輕輕抹鼻子，把鼻子抹乾淨。

更換牙刷

　　糖糖豆很喜歡豆媽媽送給她的牙刷。每天早上和晚上她都會把牙齒刷得潔白漂亮。

　　這天晚上，糖糖豆發現牙刷的刷毛向外翻，底部更有些污漬。接下來，糖糖豆該怎樣做才是正確的呢？

選擇 A

糖糖豆告訴媽媽，她的牙刷要更換了。

選擇 B

　　糖糖豆捨不得把漂亮的牙刷換掉，於是她繼續用來刷牙。

洗澡

　　跳跳豆很喜歡運動，今天豆爸爸和他踢完足球回家，跳跳豆感到很疲累，他很想午睡啊！可是，豆媽媽對跳跳豆説：「看，你全身都是泥巴，先去洗個澡吧！」接下來，跳跳豆該怎樣做才是正確的呢？

選擇 A

　　跳跳豆心想：「我實在太累了，小睡片刻才洗澡吧！」

選擇 B

　　跳跳豆對媽媽説：「知道了，媽媽。」
然後去洗澡。

親子說一說

小朋友，看完這本書，你可以看看自己選得對不對。 如果你選了7個 😄，你就是一個懂得清潔衞生的好孩子了。

情境	選擇A	選擇B	小提示
吃水果	😕	😄	我們要徹底洗淨有果皮的水果才可以進食啊！如果爸媽擔心連果皮吃不夠衞生，可以幫孩子削去果皮，但平日爸媽可以鼓勵孩子嘗試自己剝橙皮。
洗手	😄	😕	當我們用手到處觸摸，手上就會沾上細菌，如果用髒手拿着食物進食，細菌便有機會走進身體裏！所以進食前我們必須要按正確的步驟把雙手洗乾淨！
刷牙	😄	😕	很多小朋友都以為早上起牀時還沒有吃東西，可以不刷牙！但是當我們睡覺時，唾液分泌不足，口腔內的細菌也會增長，形成口氣。所以早上起牀後和晚上睡覺前也是刷牙的好時機！

情境	選擇A	選擇B	小提示
睡前想吃東西	😃	😦	很多小朋友都喜歡晚上吃零食，而且還在牀上吃東西，可是這樣做不但會把地方弄髒，惹來蟑螂，更會影響健康。如果因某些原因必須要在睡前吃東西，在進食後也要再刷牙。
流鼻水	😦	😃	小朋友會因一時貪方便，用手、衣袖或被角去抹鼻水。尤其是在玩耍或睡覺的時候，因為懶於去取手巾或紙巾，但是這樣做，雙手、衣服或被子就會變得很髒，還會沾上細菌！
更換牙刷	😃	😦	我們每天都要刷牙，牙刷會一天一天地被磨損，刷毛也會自然老化。當你看到刷毛變彎或叉開時，就是要換新牙刷的時候了。
洗澡	😦	😃	我們經過一天的活動，身體會沾上細菌，而洗澡能幫助我們把身體清潔乾淨，趕走細菌呢！

教養小貼士

「養成良好的個人衛生」是一種習慣，也是一種觀念。爸媽要做的是要讓這觀念植根在孩子的內心，讓孩子學會自己清潔的同時，培養他們自動自覺地去做的意識。

從小開始放手培養：年幼孩子的自理能力雖然有限，但不代表爸媽事事出手，例如當孩子打噴嚏時，不要立即拿紙巾替孩子擦拭，而是請他自己拿紙巾，然後按你的示範自己擦幾遍，最後才請你幫忙擦拭乾淨。不要介懷孩子自己擦得不夠乾淨，重點是給孩子意識到髒了就要怎樣做，同要自己動手。

把步驟變遊戲，提升孩子的興趣：爸媽可以把步驟分拆，例如刷牙的步驟分成清洗牙刷、拿水杯裝水、擠出牙膏⋯⋯配上兒歌或口訣，讓孩子像在玩程序遊戲。

總而言之，良好的衛生習慣要從小開始做起。爸媽也要給予正確的示範和耐心指導。孩子做得正確時，記得給予正面鼓勵，激發孩子的動力。

我的好習慣

小朋友，你學會了哪些保持清潔衛生的習慣？請你把其中一種寫在下面的獎狀上或畫出來，然後請爸媽給你塗上心心吧！

我學會：

做得真好！

37

小跳豆 故事系列 （共8輯）
Jumping Bean
讓 豆豆好友團 陪伴孩子快樂成長！

提升自理能力，學習控制和管理情緒！

幼兒自理故事系列（一套6冊）

- 《我會早睡早起》
- 《我會自己刷牙》
- 《我會自己上廁所》
- 《我會自己吃飯》
- 《我會自己收拾玩具》
- 《我會自己做功課》

幼兒情緒故事系列（一套6冊）

- 《我很生氣》
- 《我很害怕》
- 《我很難過》
- 《我很妒忌》
- 《我不放棄》
- 《我太興奮》

培養良好的品德，學習待人處事的正確禮儀！

幼兒德育故事系列（一套6冊）

- 《我不發脾氣》
- 《我不浪費》
- 《我不驕傲》
- 《我不爭吵》
- 《我會誠實》
- 《我會關心別人》

幼兒禮貌故事系列（一套6冊）

- 《在學校要有禮》
- 《吃飯時要有禮》
- 《客人來了要有禮》
- 《乘車時要有禮》
- 《在公園要有禮》
- 《在圖書館要有禮》

建立良好的心理素質，提高幼兒的安全意識！

幼兒生活體驗故事系列（一套6冊）

- 《上學的第一天》
- 《添了小妹妹》
- 《我愛交朋友》
- 《我不偏食》
- 《我去看醫生》
- 《我迷路了》

幼兒生活安全故事系列（一套6冊）

- 《我小心玩水》
- 《我不亂放玩具》
- 《我小心過馬路》
- 《我不亂進廚房》
- 《我不爬窗》
- 《我不玩自動門》

培養孩子良好的習慣和行為，成為守規矩和負責任的孩子！

幼兒好習慣情境故事系列（一套6冊）

- 《公德心》
- 《公眾場所》
- 《社交禮儀》
- 《清潔衛生》
- 《生活自理》
- 《與人相處》

幼兒好行為情境故事系列（一套6冊）

- 《我要做個好孩子》
- 《我要做個好學生》
- 《我要做個好公民》
- 《我要注意安全》
- 《我要有禮貌》
- 《我要有同理心》

小跳豆幼兒好習慣情境故事系列

清潔衞生

原著：楊幼欣

改編：新雅編輯室

繪圖：劉麗萍

責任編輯：趙慧雅

美術設計：劉麗萍

出版：新雅文化事業有限公司

香港英皇道499號北角工業大廈18樓

電話：(852) 2138 7998

傳真：(852) 2597 4003

網址：http://www.sunya.com.hk

電郵：marketing@sunya.com.hk

發行：香港聯合書刊物流有限公司

香港荃灣德士古道220-248號荃灣工業中心16樓

電話：(852) 2150 2100

傳真：(852) 2407 3062

電郵：info@suplogistics.com.hk

印刷：中華商務彩色印刷有限公司

香港新界大埔汀麗路36號

版次：二〇二二年七月初版

二〇二四年四月第二次印刷

ISBN: 978-962-08-7959-3